BRICOLAGES NATURE

ILLUSTRATIONS D'ANNA CURTI

Je m'appelle André, et voici ma sœur Julie. Eux, ce sont nos cousins Michel et Geneviève. Il y a aussi Tom et Anne, et tous nos amis. Ensemble, nous avons fait toutes les activités que tu découvriras dans ce livre. Bien sûr, nous ne les avons pas faites tout seuls ! Nous les avons réalisées à l'école avec la maîtresse, et à la maison avec maman. Ce livre est l'histoire de nos « bricolages », racontée avec l'aide de grand-mère.

Nous nous sommes bien amusés à fabriquer ces petits « chefs-d'œuvre ». C'est au cours de nos promenades à la campagne, dans la forêt, à la mer, dans le parc, au cours de nos balades en bicyclette, en allant à l'école, que nous avons trouvé nos matériaux de construction : feuilles et cailloux, noix et épis, citrouilles, bouchons et bâtons, coquillages, œufs et plumes... Et comme le dit si bien ma grand-mère : qui cherche, trouve !

ANDRE *MICHEL* *GENEVIEVE* *JULIE* *TOM* *ANNE*

CES BRICOLAGES
ONT ÉTÉ RÉALISÉS PAR
....
AVEC L'AIDE DE
....

BRICOLAGES FACILES A RÉALISER AVEC DES

Aujourd'hui, nous sommes allés jouer dans le parc et avons ramassé des feuilles de formes et de couleurs diverses, des baies et des graines : nous en aurons besoin pour nos bricolages.

Je vais construire un Bonhomme-Feuille. Avant tout, je dois faire sécher les feuilles pour qu'elles soient bien plates. Ensuite, je les mets entre deux buvards à l'intérieur d'un livre.

Je ferme le livre, je pose encore un autre livre dessus, puis j'ajoute un poids.

Je laisse les feuilles toute la nuit. Pendant que je dors, elles s'aplatissent !

Je retire les feuilles du livre. C'est formidable ! Elles sont bien plates.

FEUILLES ET DES FLEURS

Je choisis une grande feuille pour le corps, et

deux feuilles de forme allongée pour les jambes. Je pose les feuilles sur un carton et je les colle.

LE BONHOMME-FEUILLE

Je complète avec deux autres feuilles allongées pour les bras et deux petites feuilles pour les mains et les pieds. Les yeux seront deux baies ; trois autres baies, les boutons. Voilà ! mon Bon homme-Feuille est terminé !

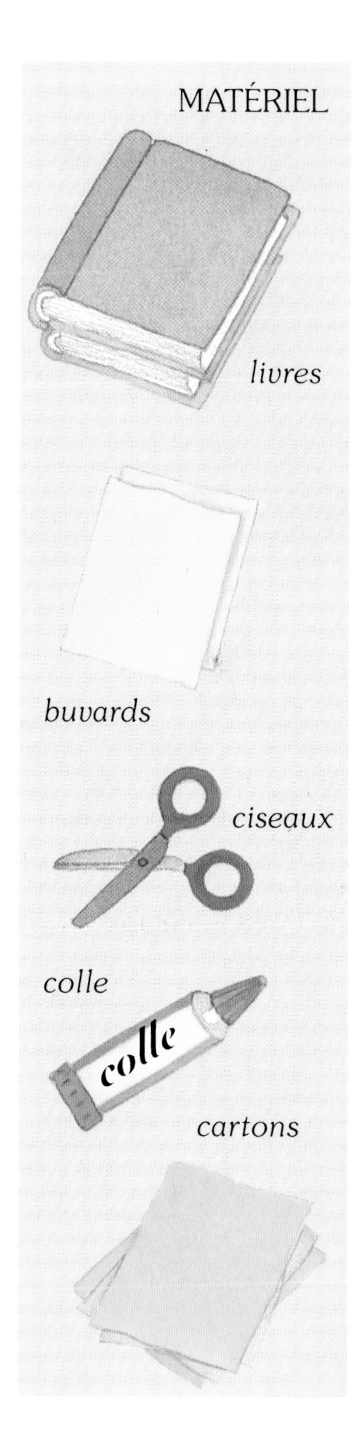

A l'école, nous nous sommes bien amusés ! Nous avons fabriqué des tas d'objets avec des feuilles et c'est la forme même des feuilles qui nous a donné des idées ! Tom a fait un Hibou-Feuille, Geneviève, un Crabe-Feuille et Michel, un Poisson-Feuille ! Puis nous les avons accrochés au mur.

HIBOU-FEUILLE

CRABE-FEUILLE

POISSON-FEUILLE

Maintenant, nous allons cueillir des fleurs pour faire un herbier et des marque-pages.

Pour l'herbier, je fais sécher les fleurs comme j'ai fait sécher les feuilles : je les glisse dans un livre entre deux buvards. Puis je les fixe sur un carton avec du ruban adhésif.

Pour le marque-page, je colle la fleur séchée sur un carton. J'y fais un petit trou et j'y passe un ruban.

HERBIER

MARQUE-PAGE

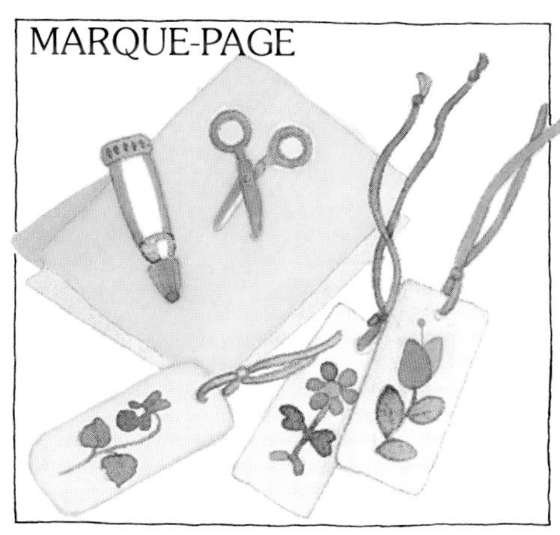

Je peux aussi composer de jolis bouquets de fleurs séchées. Tout d'abord, je mets les fleurs à sécher la tête en bas ; ensuite, je les attache avec un ruban de couleur vive.

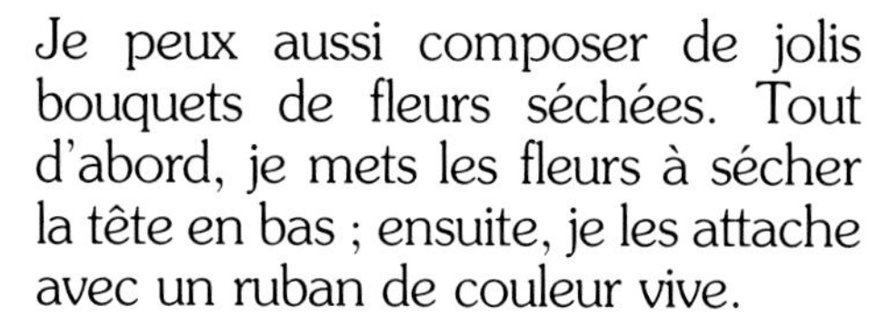

Je peux aussi disposer les fleurs séchées dans un vase en verre : j'obtiens ainsi un pot-pourri pour parfumer la maison !

Avec les fleurs, Geneviève a tressé une couronne pour mettre dans ses cheveux !

BOUQUET

POT-POURRI

COURONNE DE FLEURS

POUPÉES EN PAILLE

Nous avons fait une promenade à la campagne et nous avons ramassé un gros tas de paille. Maman va nous aider à fabriquer des poupées pour jouer au théâtre.

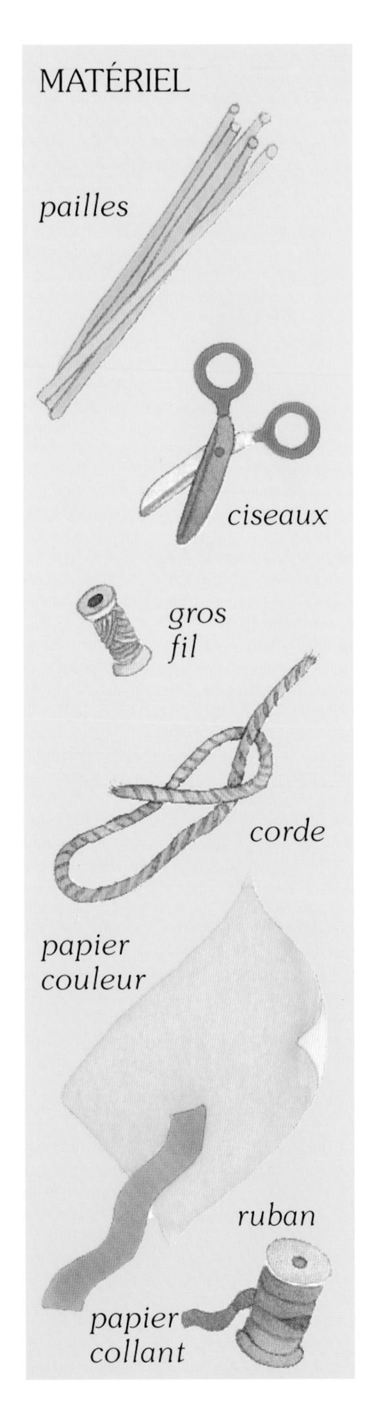

Pour faire le corps de la poupée, je prends plusieurs pailles et je les noue avec du gros fil. Puis je prends un morceau de corde et je le passe par le milieu des pailles.

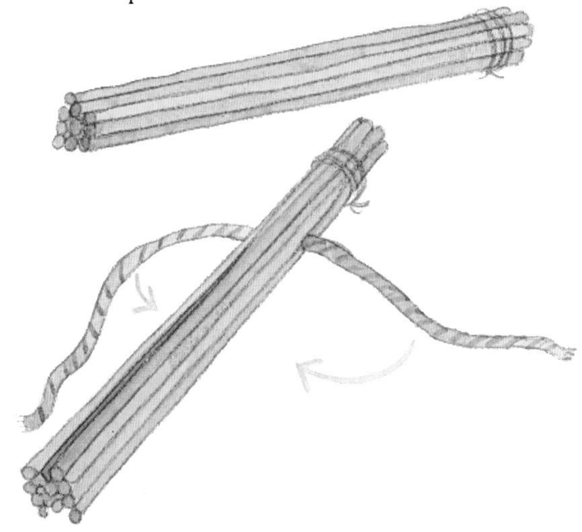

Maman plie la corde pour former les bras qu'elle attache avec du fil. De mon côte, j'écarte largement les pailles pour faire la jupe de la poupée.

Nous habillons la poupée en enroulant une bande de papier autour de la tête et un papier rose autour de la taille.

POUPÉE EN PAILLE

Un joli ruban bleu tient lieu de chemisier et de ceinture. C'est maman qui fait le nœud. Ça y est ! La poupée est finie !

Avec d'autres pailles, nous avons fait, avec l'aide de maman, un bonhomme et une petite fille. Ils sont très réussis ! Pour la petite fille, nous avons dessiné un joli visage sur un carton et l'avons ensuite découpé. Avec les trois poupées, j'ai monté un spectacle de marionnettes. Julie, Geneviève, Michel, Tom et Anne se sont bien amusés !

UN MONDE DE CAILLOUX

Lorsque nous nous promenons – Julie, Geneviève, Michel et nos autres amis – nous regardons bien par terre. C'est facile de trouver de jolis cailloux, de forme, de couleurs et de taille variées, pour fabriquer de petits objets.

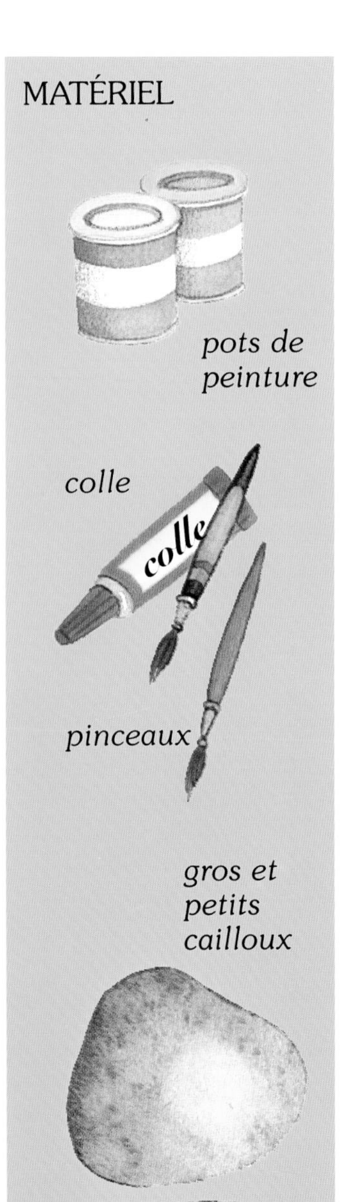

Pour inventer un Caillou-Hippopotame, il faut prendre un gros caillou pour le corps, et un autre aussi gros pour la tête. Je dois choisir mes cailloux avec soin, car de leur forme dépend l'aspect de mon hippopotame !

Je colle la tête sur le corps et j'attends que les deux cailloux tiennent bien ensemble. Pendant ce temps, j'en choisis

deux autres plus petits, pour les oreilles. Avec un peu de colle, je fixe d'abord une oreille, puis l'autre.

Avec un pinceau et de la peinture, je dessine le nez et les yeux. Comme les yeux sont difficiles à faire, je demande à maman de m'aider. Maintenant, mon Caillou-Hippopotame est fini. Il est vraiment sympathique !

CAILLOU-HIPPOPOTAME

De la même façon, je fabrique un Caillou-Cochon et un Caillou-Chat. Ce n'est pas compliqué et c'est très amusant. Les cailloux semblent inanimés, mais en réalité ce sont eux qui me disent ce qu'ils veulent être !

CAILLOU-COCHON

CAILLOU-CHAT

Tom et Anne s'amusent aussi beaucoup à faire des constructions avec des cailloux : admire le beau village, avec arbres et maisons, qu'ils ont réalisé !

Les Cailloux-Maisons se font avec des morceaux de cailloux cassés. Pour les Cailloux-Arbres, il suffit de choisir un caillou un peu rond pour le feuillage, et un autre un peu long pour le tronc.

Sur une étagère, nous avons aligné nos Cailloux-Animaux : le Caillou-Hibou, le Caillou-Poisson, le Caillou-Tortue, le Caillou-Lézard, le Caillou-Souris, et les Cailloux-Visages.

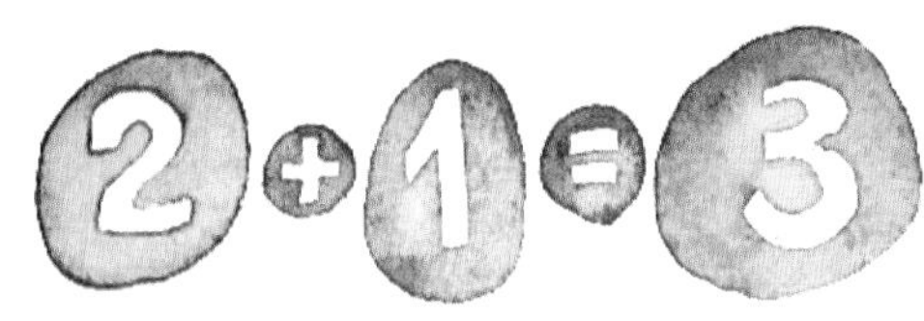

CAILLOU-CHIFFRE

CAILLOU-VEINE

Avec les cailloux, nous avons également inventé des Cailloux-Chiffre.

Maman nous a donné l'idée de peindre les cailloux veinés pour les transformer en animaux ou en objets. Elle a fait un Caillou-Panthère, Tom un Caillou-Chien, et moi, un Caillou-Auto !

NOIX ET GLANDS

Comme convenu, les copains sont arrivés avec leurs paniers pleins de noix et de glands. Nous mangerons les noix pour le goûter, puis nous nous servirons des coquilles. Les glands, bien sûr, nous ne les mangerons pas, mais ils nous seront quand même très utiles.

La moitié de la coquille de noix formera le visage du Hibou-Noix. Les sourcils seront faits avec deux feuilles séchées ; les yeux, avec deux ronds en carton.

Je m'applique pour coller les sourcils au bon endroit. Je peins deux points noirs au milieu des yeux : ce sont les pupilles ! Je colle les yeux sous les sourcils.

HIBOU-NOIX

Pour le nez, j'ai choisi une graine légèrement recourbée. Je l'ai trouvée sous les arbres. Maintenant, je colle le Hibou-Noix sur un bouchon.

MATÉRIEL

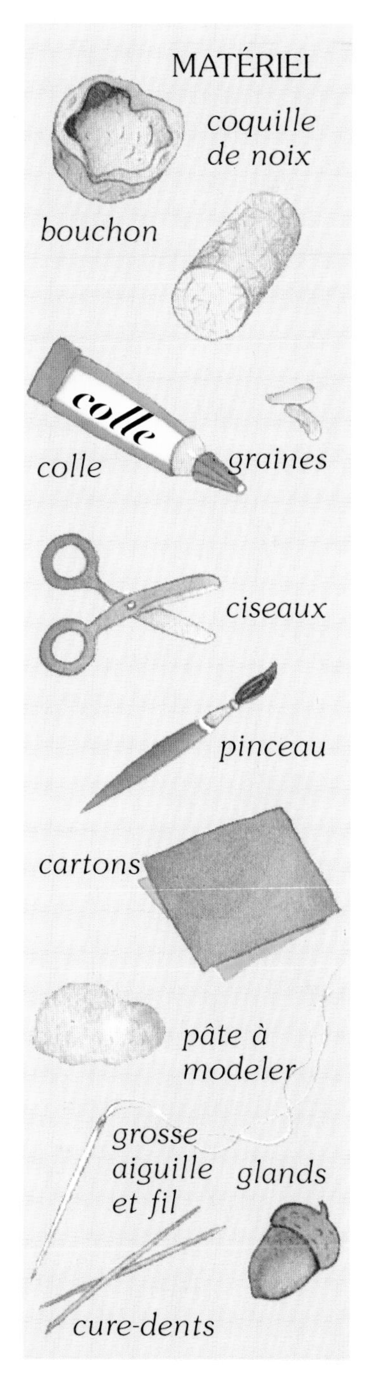

A l'heure du goûter, nous avons mangé les noix, puis, avec maman, nous nous sommes lancés dans la fabrication d'une Souris-Noix.

Sur un morceau de carton, nous avons dessiné la forme d'une moitié de noix, puis maman a dessiné la tête avec les oreilles et ensuite les pattes. La queue est un morceau de ficelle. Maman a découpé le dessin et nous avons collé dessus la moitié de noix.

Geneviève a pris les « petits chapeaux » des glands, les a enfilés au bout de ses doigts, puis y a dessiné des visages. Elle a donné un nom à chaque doigt et nous a fait un spectacle de marionnettes.

Avec les « cupules » des glands, nous avons également fait une longue Chenille-Gland. A l'aide d'une grosse aiguille maman les a enfilées l'une après l'autre sur un fil, en le laissant un peu mou. Sur le dernier « chapeau », elle a peint la tête d'une chenille.

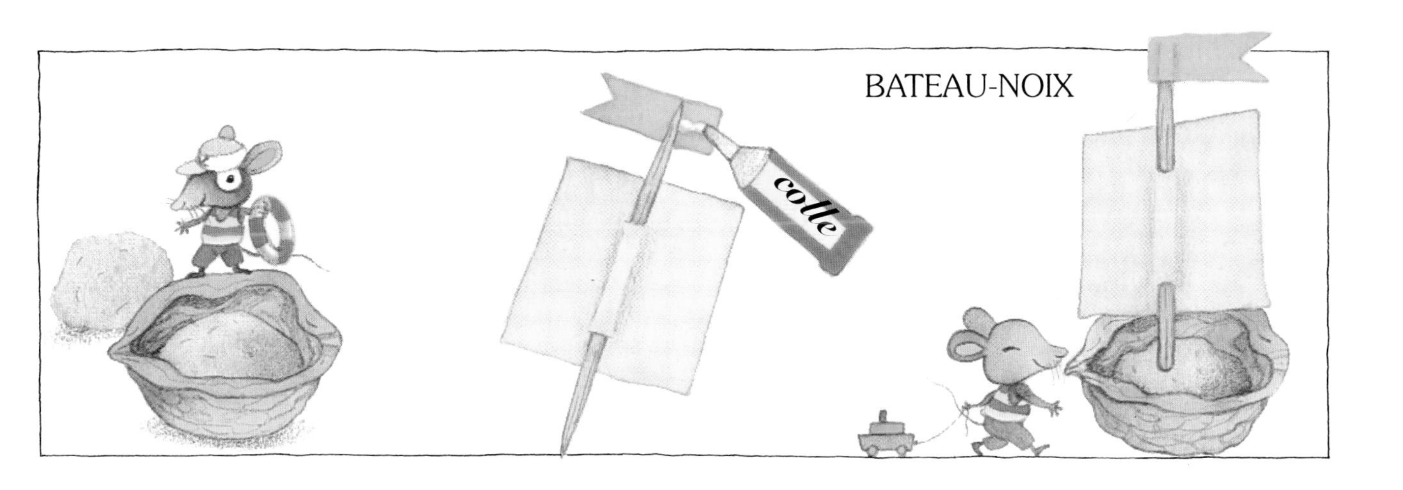

Avec les coquilles de noix, nous avons fabriqué des bateaux. J'ai fait la voile et le drapeau dans un petit papier. J'ai enfilé la voile sur un cure-dents. Puis j'ai mis un peu de pâte à modeler dans la coquille de noix, j'y ai planté bien droit le cure-dents, et voilà ! mon bateau est terminé. Il ne nous reste plus qu'à aller jouer !

AVEC DES ÉPIS ET DES CITROUILLES

Mes amis et moi sommes allés visiter la ferme de la tante de Michel : nous y avons admiré les plants de maïs, avec leurs belles houppes et leurs épis gonflés de grains. Tante Sophie nous a montré que les graines sont de plusieurs couleurs et nous a proposé de faire des « mosaïques ».

MATÉRIEL

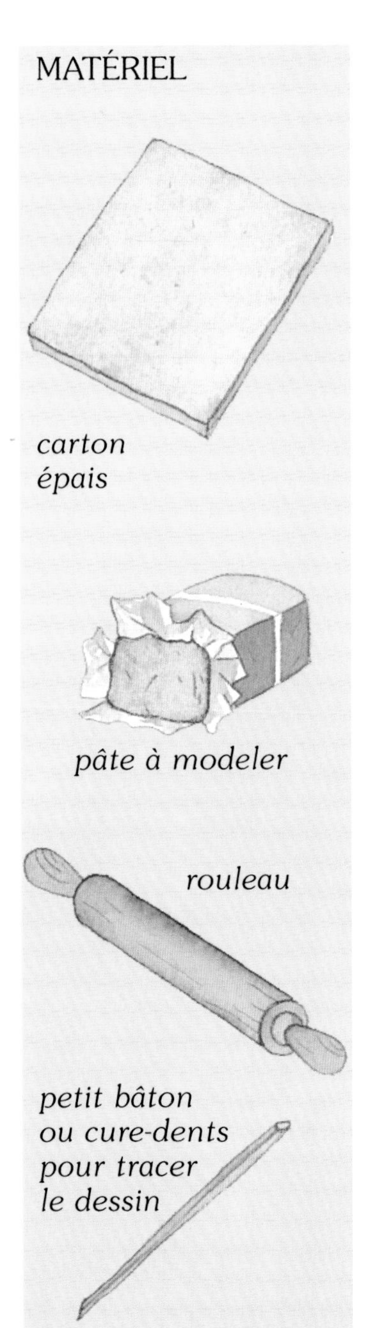

Il faut commencer par égrener les épis et classer les grains par couleur, du jaune à l'orange.

Sur un morceau de carton épais, étends la pâte à modeler avec le rouleau, comme une crêpe. A l'aide d'un petit bâton pointu ou d'un cure-dents, sculpte les bords du dessin.

TOURNESOL

Remplis le dessin avec les grains. Geneviève a fait un tournesol, tante Sophie, un poisson.

POISSON

A la ferme, il y avait aussi de belles citrouilles. Tante Sophie nous a expliqué qu'il existe beaucoup d'espèces de citrouilles de formes et de couleurs différentes et que le fruit des citrouilles, que nous appelons « citrouille » est une baie qui s'appelle « pépon » ! Nous, nous en servirons pour faire des masques !

A l'aide d'un couteau, tante Sophie creuse l'intérieur d'une belle citrouille et récupère les morceaux dans un saladier : elle en fera des beignets ! Quand la citrouille est parfaitement vidée, j'essuie l'intérieur avec du « sopalin ».

Tante Sophie découpe dans l'écorce deux yeux et la bouche. Je voudrais l'aider, mais elle me dit qu'elle seule a le droit de se servir du couteau. Puis elle allume un lampion, le place à l'intérieur de la citrouille. J'éteins la lumière. Brr ! Quelle peur !

Seuls, les adultes utilisent les couteaux et les allumettes

MASQUE-CITROUILLE

MATERIEL

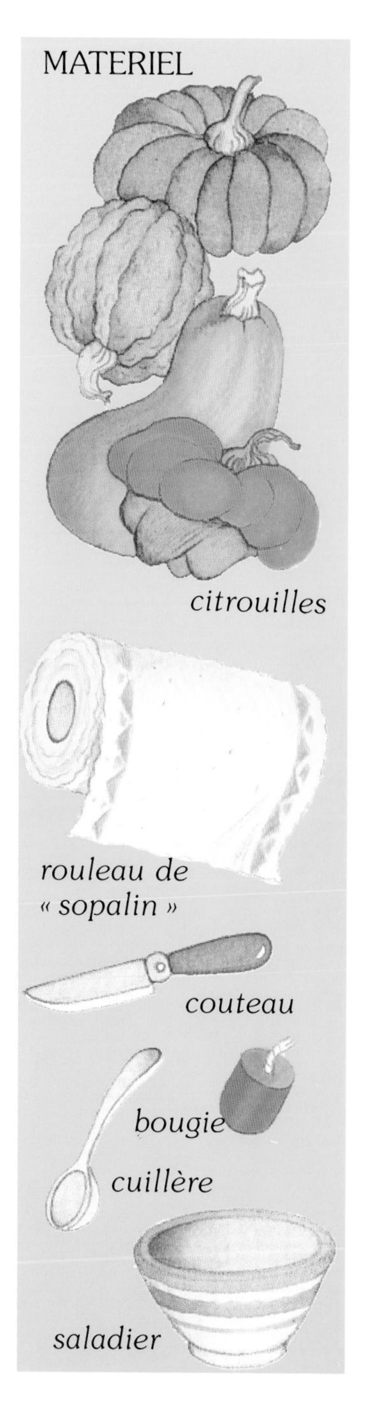

CITROUILLE-TERREUR

CITROUILLE-SOURIANTE

Ce soir-là, grande fête à la ferme ! Nous avons placé les citrouilles dans le jardin, toutes éclairées par un lampion ou une pile électrique. Nous avons aussi fabriqué des masques. Puis nous avons dégusté les épis de maïs grillés... et les beignets de citrouille de tante Sophie !

BOUCHONS DE LIÈGE

Aujourd'hui, nous nous sommes bien amusés à l'école ! La maîtresse est arrivée en apportant un sac plein de bouchons en liège : des petits, des moyens, et aussi des gros. Nous allons construire un village indien et fabriquer des animaux.

La maîtresse coupe le bouchon pour faire la tête de l'autruche. Je prépare un autre bouchon pour le corps, les cure-dents pour le cou et le bec, les agrafes pour les pattes.

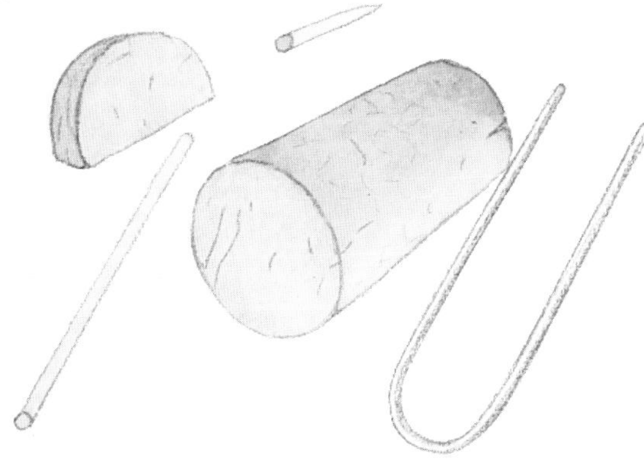

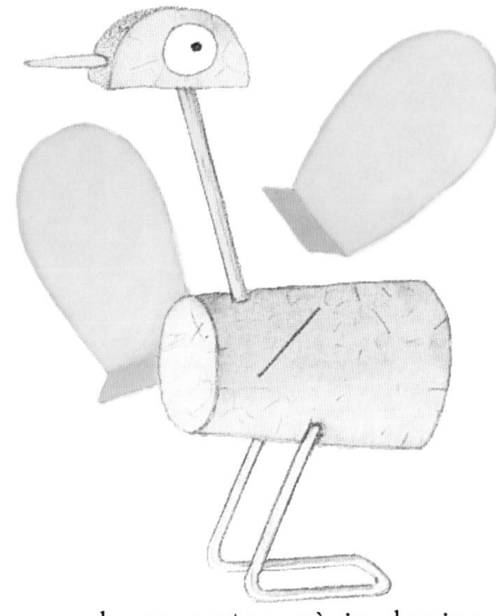

En s'aidant d'une aiguille à tricoter, la maîtresse fait des petits trous pour pouvoir enfiler le cure-dents (ce sera le cou) et l'agrafe (les pattes).

Je prends un carton où je dessine des ailes. Puis je les découpe et les replie légèrement. La maîtresse incise le bouchon et enfile les ailes. Je prépare les yeux et choisis une belle plume pour la queue !

BOUCHON-AUTRUCHE

MATÉRIEL

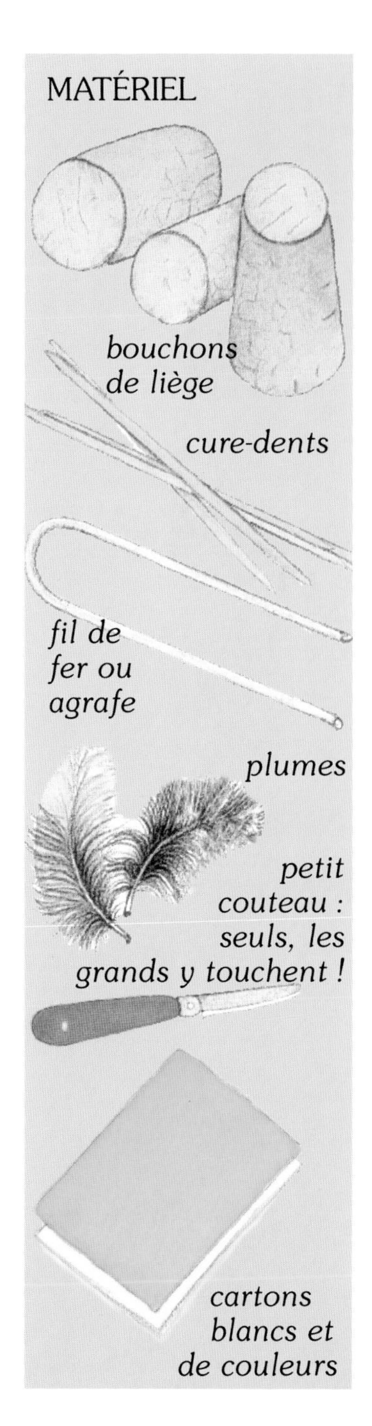

Tom et Anne ont ramassé des morceaux de bois dans le jardin et les ont attachés à une extrémité avec une ficelle : voilà les tentes indiennes ! Avec les bouchons, nous avons créé des personnages pour le village indien ainsi que des animaux : chiens et chevaux. Le liège est spongieux, d'une jolie couleur qui va du jaune au brun-rougeâtre : il n'y a pas besoin de le peindre.

CHIEN-BOUCHON CHEVAL-BOUCHON BONHOMME-BOUCHON

Pour faire le mouton, il faut des bouchons, bien sûr, mais aussi un bout de tissu éponge (le rouleau de « sopalin » de la cuisine fera l'affaire !) et du coton pour la tête et la queue. Assemble les bouchons et les cure-dents comme sur le dessin. Les yeux sont deux petits ronds de papier blanc. Avec un crayon noir, je dessine les pupilles un peu rapprochées pour que le mouton ait l'air tendre. Les oreilles sont découpées dans du carton rose.

Pour donner vie au lapin, j'assemble les deux bouchons comme sur le dessin, puis je les réunis avec un cure-dents qui sera le cou. Le secret du Lapin-Bouchon sont les oreilles : bien grandes, découpées dans du carton rose. Le lapin est assis : alors j'enfile les cure-dents sur le devant du corps pour faire les pattes.

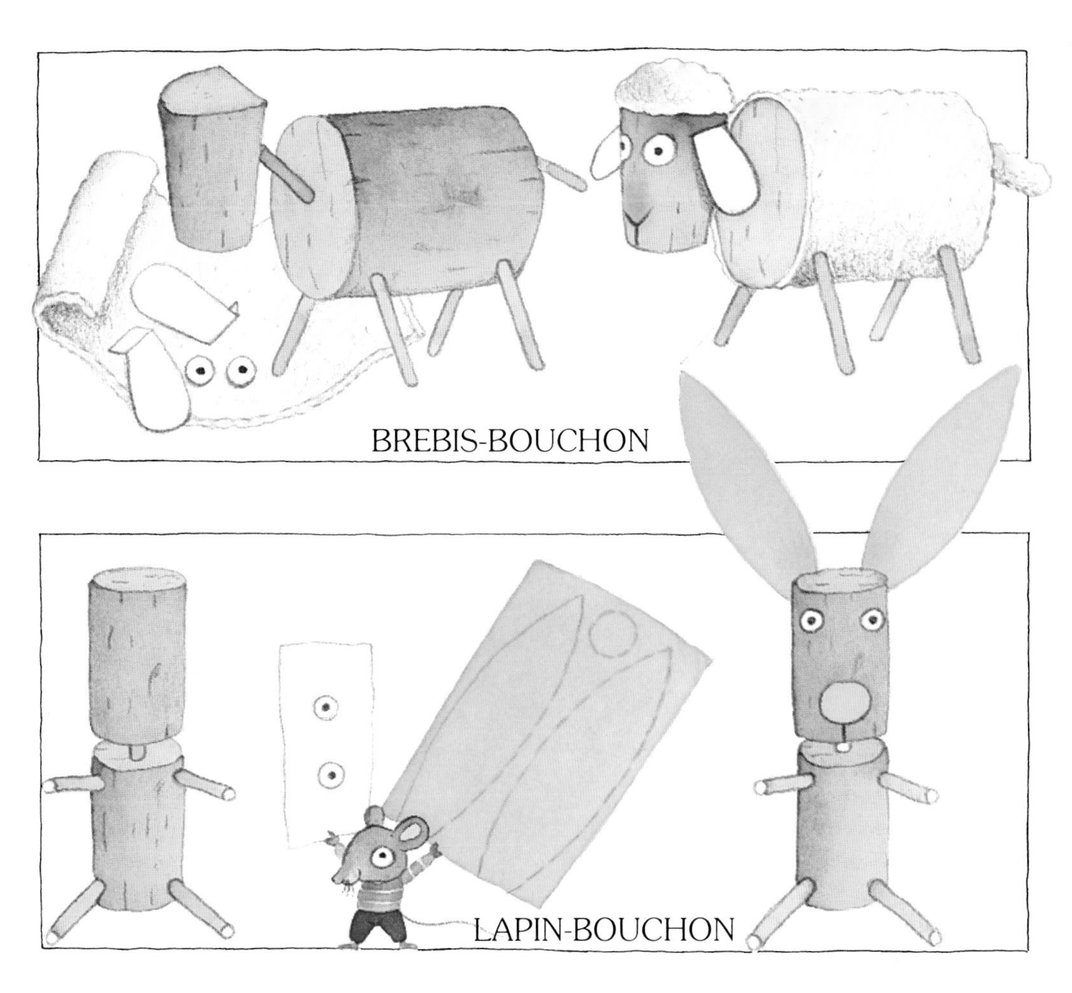

Pour le chat, je me sers de deux bouchons et de six cure-dents comme tu peux le voir sur le dessin. Pour réussir le Chat-Bouchon, il y a deux secrets : premièrement, les yeux doivent avoir une expression coquine (Pour cela, je les dessine avec les pupilles tournées du même côté !). Deuxièmement, les moustaches qui doivent lui donner un air digne. Je les fabrique avec du fil de pêche.

Pour le cochon, j'ai choisi un gros bouchon trapu. Le museau est un petit rond découpé dans un bouchon plus petit, sur lequel je dessine les naseaux et le museau. Regarde bien où je colle les yeux. Au-dessus, je fixe les oreilles que j'ai découpées dans du carton rose. Les pattes sont faites avec quatre cure-dents raccourcis. Je me sers d'un long ruban pour la queue. Et voilà le Cochon-Bouchon terminé !

LES COQUILLAGES, UNE VRAIE PASSION !

Ce matin, à l'école la maîtresse a apporté des petits sacs. Lorsqu'elle les a ouverts, nous avons pu voir qu'ils étaient pleins de jolis coquillages.

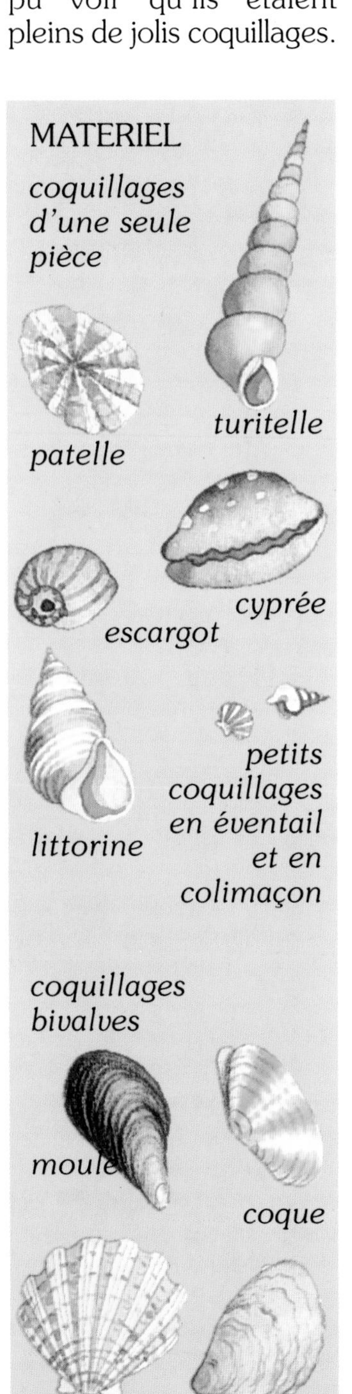

Pour le pingouin, je choisis des coquillages blancs et noirs de la forme de ceux que tu vois sur le dessin.

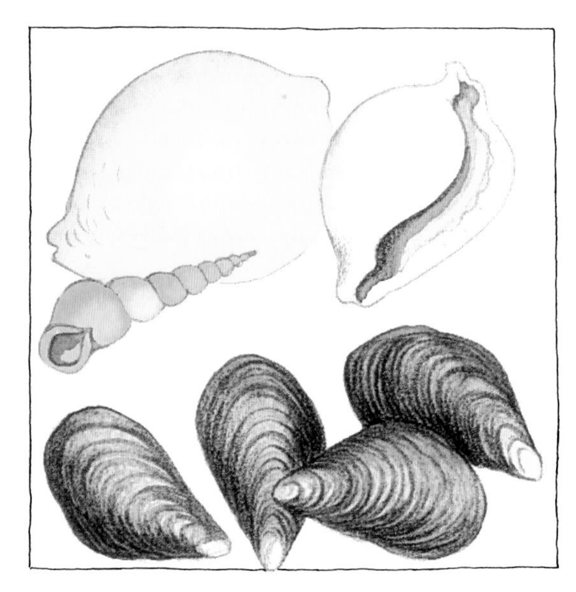

Je colle le bec sur la tête.

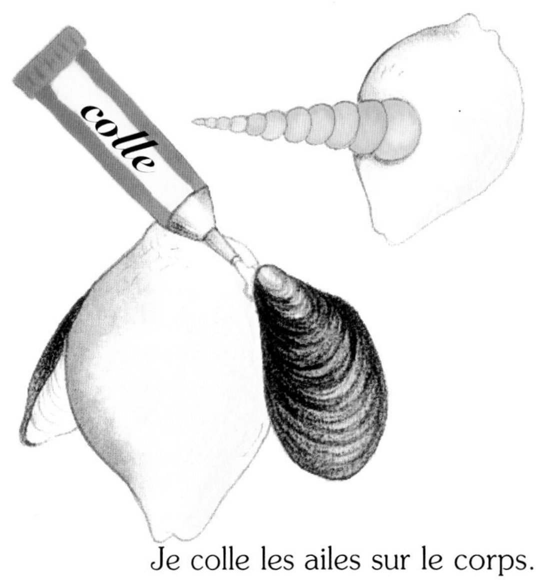

Je colle les ailes sur le corps.

Je colle la tête au corps.

Je colle les pattes au corps.

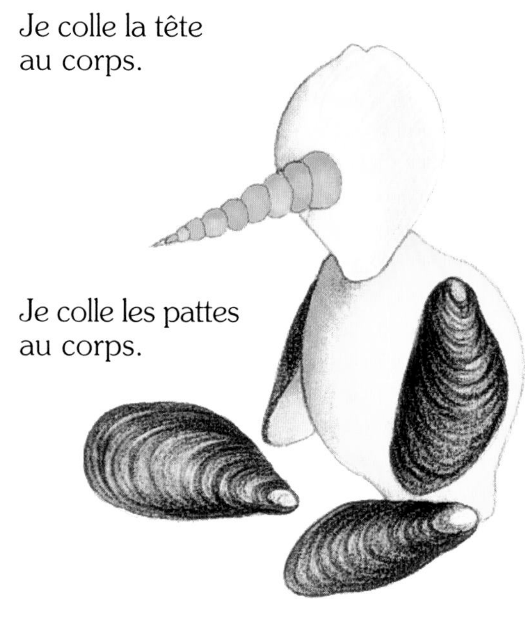

Avec un petit pinceau et de la peinture noire, je trace le contour des yeux. Maintenant, mon pingouin est fini !

La maîtresse nous a expliqué que les coquillages sont les petites maisons des animaux qui vivent dans la mer. Quand les animaux qui les habitent meurent, les vagues portent sur la plage les coquillages. Avec les coquillages, nous allons faire de jolies choses.

Pour bien réussir ma grenouille, le choix de la forme des coquillages est important. Je choisis donc des coquillages semblables à ceux que tu vois ici.

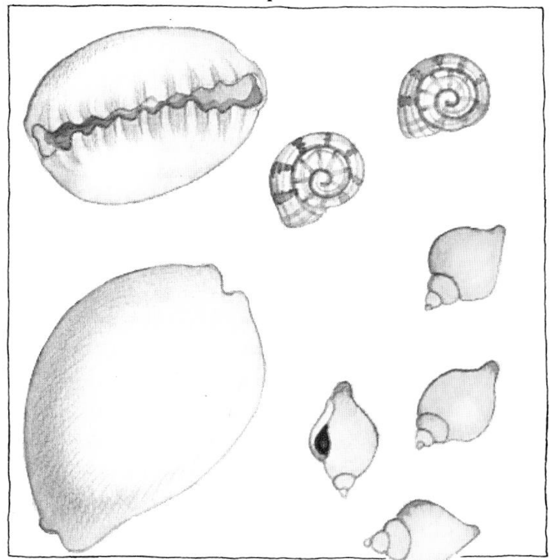

Je colle les quatre pattes sur le corps.

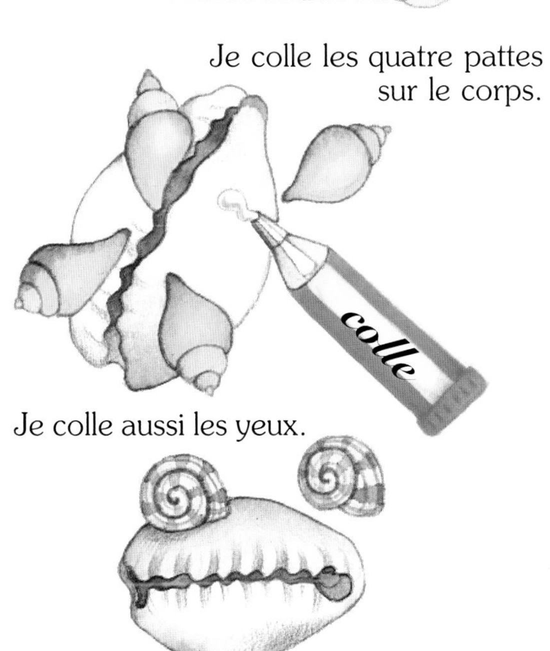

Je colle aussi les yeux.

Puis je colle la tête sur le corps et je peins les yeux.

Et voilà notre grenouille.
Coua ! coua ! Imite le cri de la grenouille !

MATÉRIEL

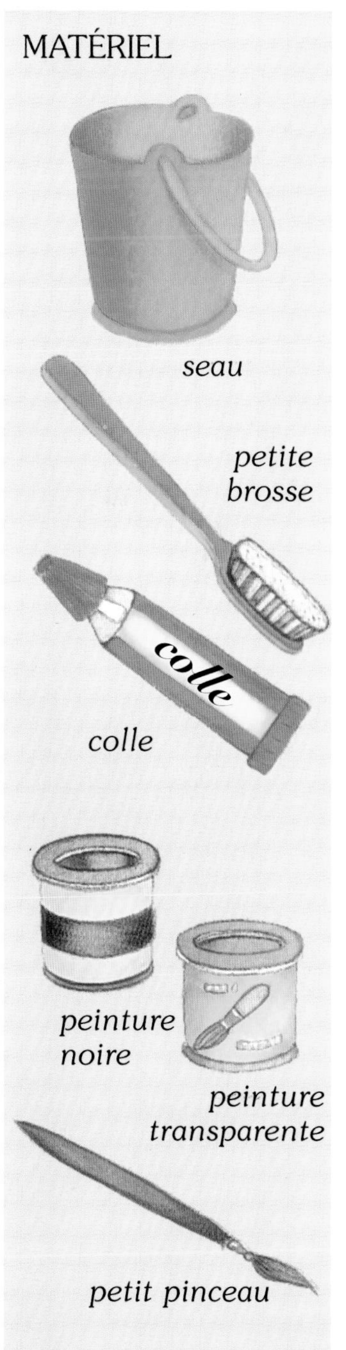

En classe, nous avons fait un grand tas de tous les coquillages et nous les avons répartis selon leur forme et leur taille.

Nous avons mis les grands coquillages dans de grandes boîtes, les coquillages moyens dans des boîtes moyennes, et les petits coquillages dans de petites boîtes.

Nous avons choisi des boîtes transparentes, afin de voir à l'intérieur. Je me suis autant amusé à ramasser les coquillages qu'à ramasser les cailloux.

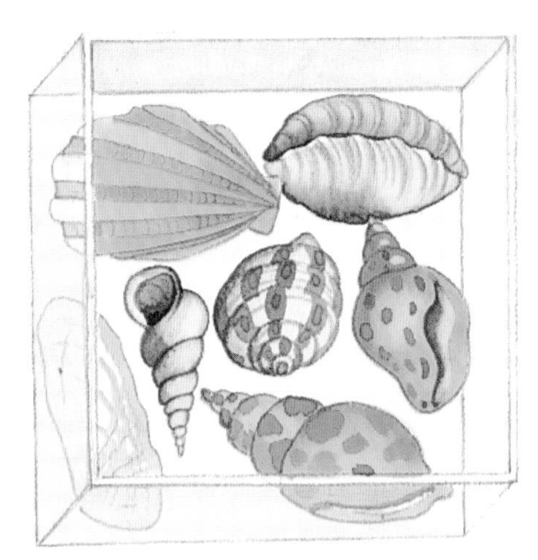

BOÎTES TRANSPARENTES POUR CONSERVER LES COQUILLAGES.

Comme les coquillages nous ont beaucoup plu, la maîtresse a organisé une balade au bord de la mer. Nous avons emporté des seaux et des tamis. Mais pour garder les mains libres, j'ai pris mon sac à dos. La maîtresse nous a expliqué qu'en plus du mouvement des vagues, la mer se déplaçait par les marées ; à marée basse, on trouve plein de coquillages sur la plage. Et même quand on tamise le sable sec, on en découvre beaucoup, en forme d'escargot et d'éventail !

Fabriquons maintenant un « mobile », c'est-à-dire une structure faite de bâtons et de fils qui soutiennent les coquillages et qui, une fois suspendue, bouge librement poussée par l'air.

Regarde attentivement le modèle. J'utilise du fil de pêche parce qu'il est transparent (mais de la ficelle fine peut aussi faire l'affaire). Pour attacher les coquillages aux fils, je prends des agrafes autocollantes.

Ce qui est difficile dans un mobile, c'est l'équilibre. Pour trouver celui-ci, je suspends d'abord les coquillages à un long fil, que je raccourcis peu à peu.

MOBILE
DE COQUILLAGES

A l'école, nous avons représenté le fond de la mer et avons peint notre dessin : nous avons fait des poissons, une méduse, une étoile de mer, les algues, le sable et les rochers. Puis nous avons collé des coquillages. La maîtresse a suspendu le dessin au mur et nous l'avons complété par d'autres coquillages. Nous sommes très fiers de notre travail.

MASQUES ET CHAPEAUX DÉCORÉS

Avec Julie, nous avons décidé d'organiser une fête. Une fête qui se respecte, ne s'improvise pas ! Il faut dessiner les invitations, décorer la maison, préparer des masques et des chapeaux et, bien sûr, beaucoup de bonnes choses à manger !

MATÉRIEL

carton

crayon

colle

agrafeuse

feuilles

ruban

coquillages

Pour le masque de feuilles, il faut d'abord dessiner la forme du masque sur du carton, puis la découper. On peut aussi utiliser un masque déjà prêt.

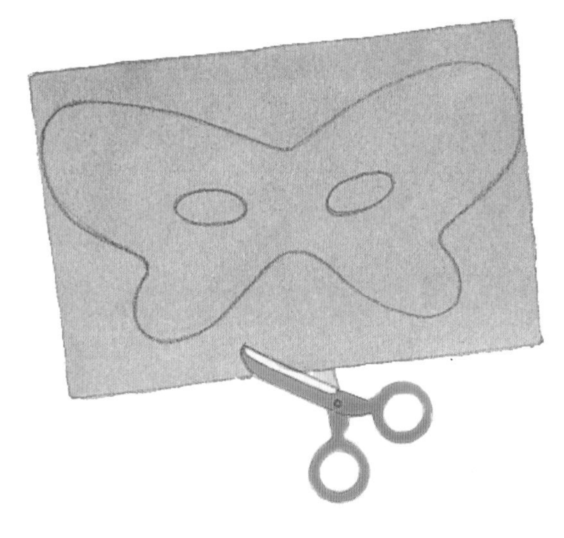

Tu choisis les feuilles et tu les colles. Le ruban sera noué derrière la tête. Coucou ! Qui es-tu ?

MASQUE
DE FEUILLES

Dessine la forme du chapeau, puis découpe-la. Colle les différents morceaux ou agrafe-les. Amuse-toi ensuite à les décorer ! Colle des coquillages comme sur le dessin, puis demande à maman d'en coudre quelques-uns en pendentifs !

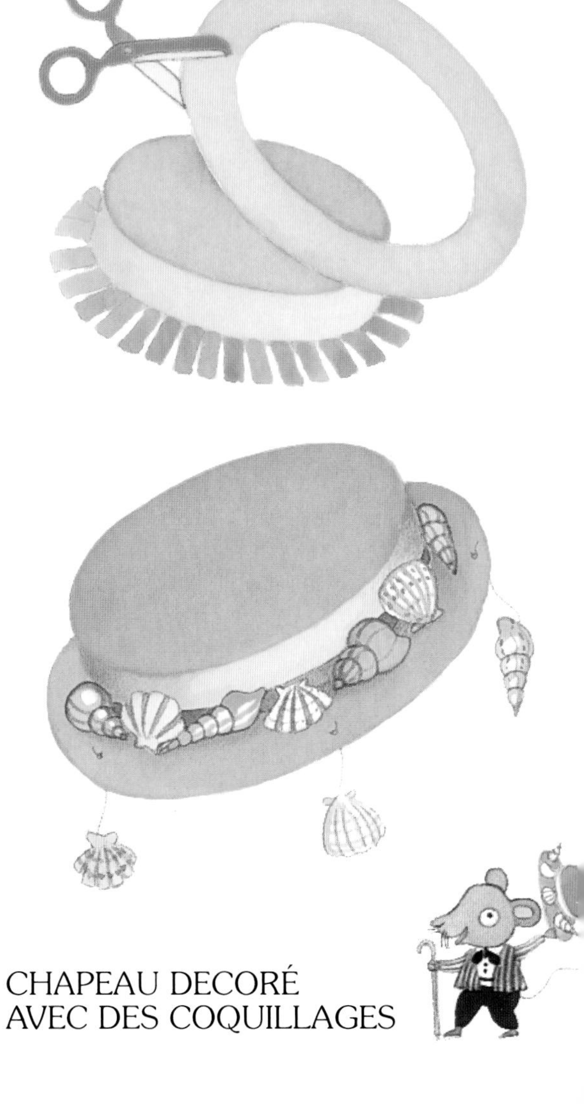

CHAPEAU DECORÉ
AVEC DES COQUILLAGES

Tous nos amis sont venus à la fête. Maman, Julie et moi avions préparé des tas de masques ! Et quand nous avons joué à colin-maillard, nous avons bien ri !

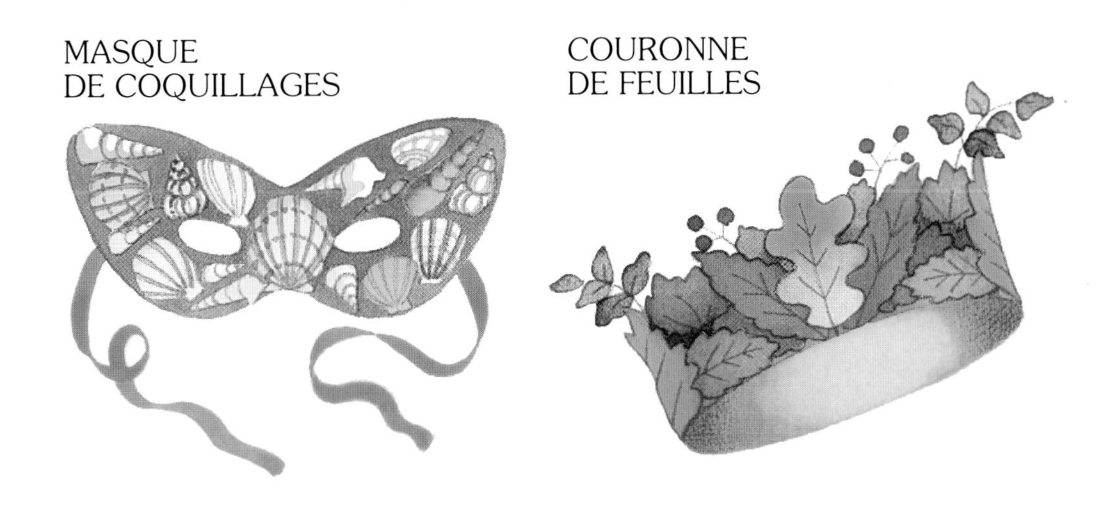

DÉCORATIONS POUR PÂQUES

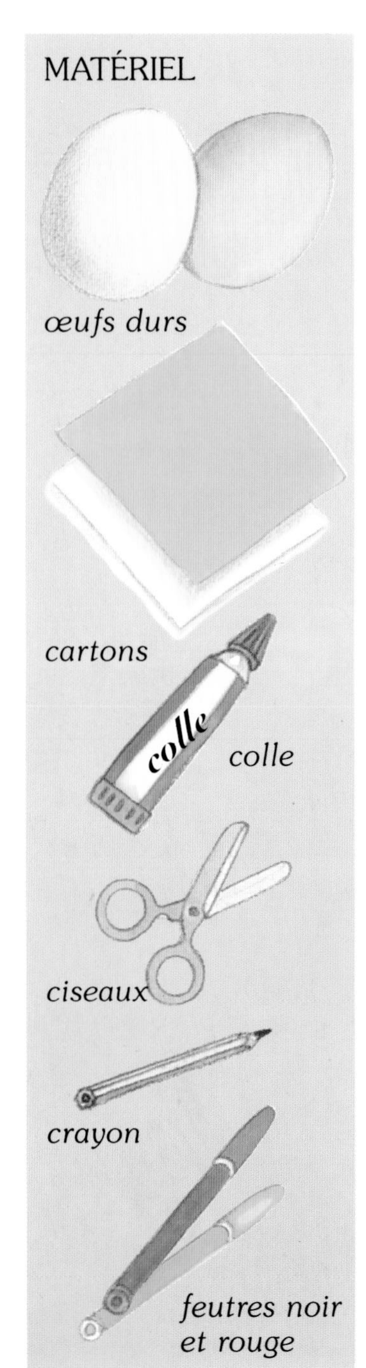

L'Œuf-Coq est une façon sympathique de présenter un œuf dur. Sur du carton, dessine la tête du coq, comme sur le modèle ; puis découpe-la.

Fais deux pliures à la base du cou, une dans un sens et l'autre dans l'autre. La crête et les barbillons sont coloriés en rouge.

Colle tous les morceaux... Cocorico !

J'aime beaucoup les fêtes de Pâques, car elles annoncent le printemps. Les jardins sont en fleurs, les arbres et les arbustes se recouvrent de feuilles, l'herbe reverdit. Et je peux sortir sans blouson !

Nous avons préparé la fête de Pâques avec mes amis en réalisant les objets que tu vois sur ces pages. Nous en avons faits quelques-uns à l'école avec notre maîtresse, les autres à la maison, avec maman.

La tête de l'Œuf-Lapin est un œuf dur. Les yeux sont deux ronds de carton blanc, aux pupilles noires. Les oreilles sont découpées dans du tissu éponge blanc, puis collées. Pour le corps, je me sers d'un tube en carton sur lequel je dessine les pattes.

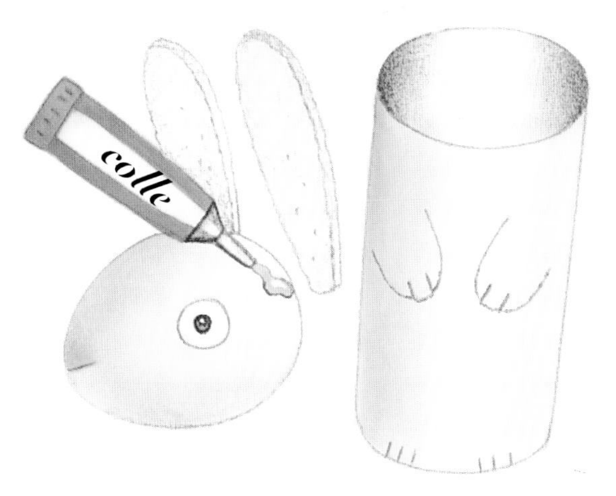

ŒUF-LAPIN

Je place la tête sur le corps, et... Hop !

Maintenant, décore un autre œuf : prends des confetti ou des petits morceaux de papier de toutes les couleurs. Badigeonne ton œuf dur de colle. Roule-le délicatement sur les morceaux de papier ou sur les confetti. Admire le résultat ! Pour un travail plus soigné, il faut coller les morceaux de papier un par un.

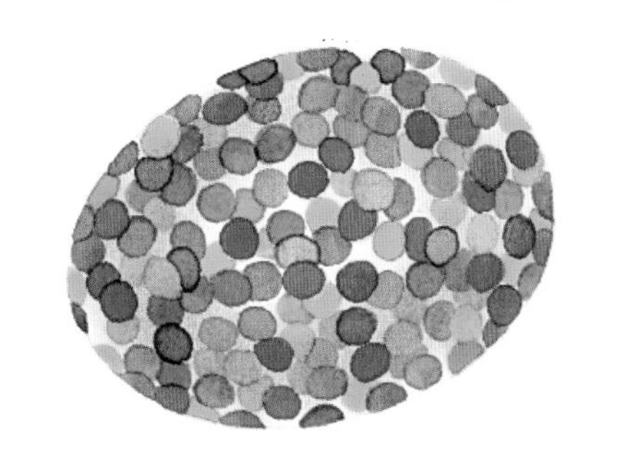

ŒUFS DÉCORÉS AVEC DU PAPIER

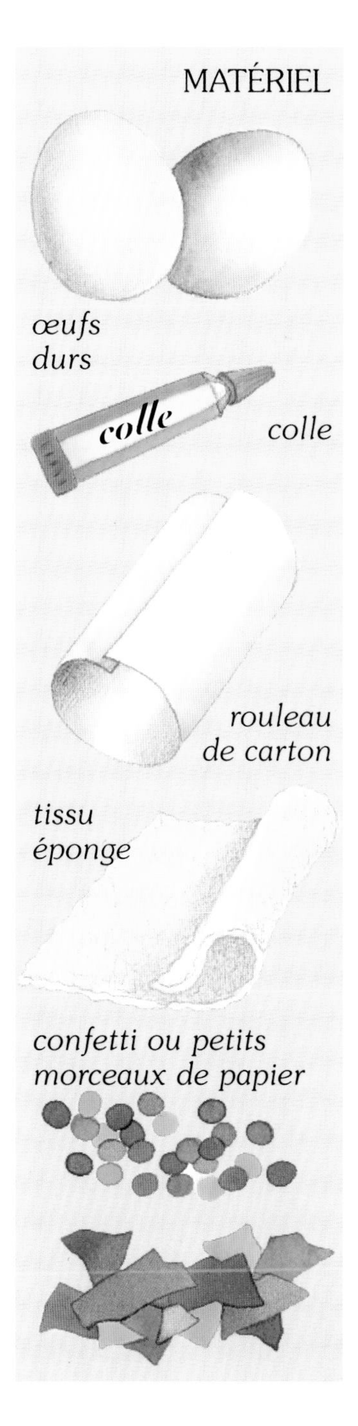

Nous sommes allés au jardin chercher les cadeaux que le Lapin de Pâques avait cachés dans les buissons. Ce sont de vrais œufs peints, des œufs en chocolat, des œufs en sucre, des poussins et des poules en chocolat, et autres délices ! Le Lapin de Pâques ne porte pas de jouets comme le Père Noël, mais il cache des surprises à l'intérieur des œufs. Je le trouve très sympathique, même si je ne l'ai jamais vu !

NUAGE EN COTON
SUR CARTON

PAPILLON EN PAPIER
DÉCORÉ AVEC DES GRAINES

FLEUR DE PÊCHER
EN PAPIER

Pour faire un éventail, je choisis une grande feuille bien large... en éventail ! Je la glisse dans un livre entre deux buvards pour l'aplatir. Maman la repasse ensuite légèrement avec le fer à repasser.

Pour le manche de l'éventail, je dessine et découpe deux morceaux de carton (comme sur le modèle), puis je les colle à la base de la feuille en mettant aussi un petit bâton pour le renforcer. J'enroule un ruban autour du manche pour rendre l'éventail plus solide et plus élégant.

ÉVENTAIL DE FEUILLE

Je vais faire une guirlande d'oiseaux en papier. Je dessine l'oiseau sur du carton plié en deux et je le découpe. Je colle une graine pour les yeux et deux plumes pour la queue. Avec un feutre orange, je dessine le bec. Avec une grosse aiguille et du gros fil, je suspends les oiseaux le long d'un ruban.

De la même façon, tu peux confectionner des guirlandes de nuages, de papillons, de fleurs...

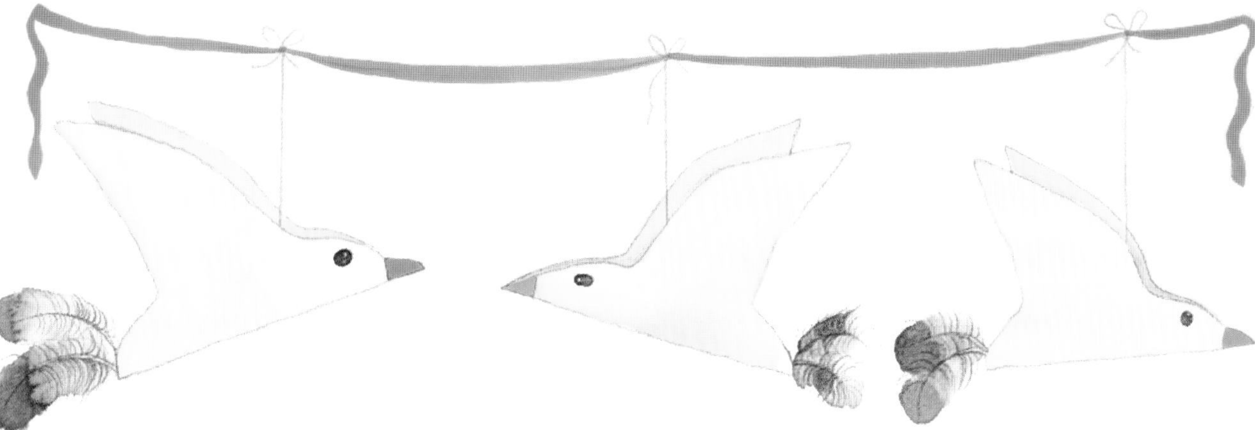

GUIRLANDE D'OISEAUX

JOYEUX NOËL

Voici tous nos amis avec leurs cadeaux de Noël. Qu'ont-ils donc préparé ? C'est bien simple, chacun d'eux a réalisé un des jolis ouvrages de ce livre ! Joyeux Noël !

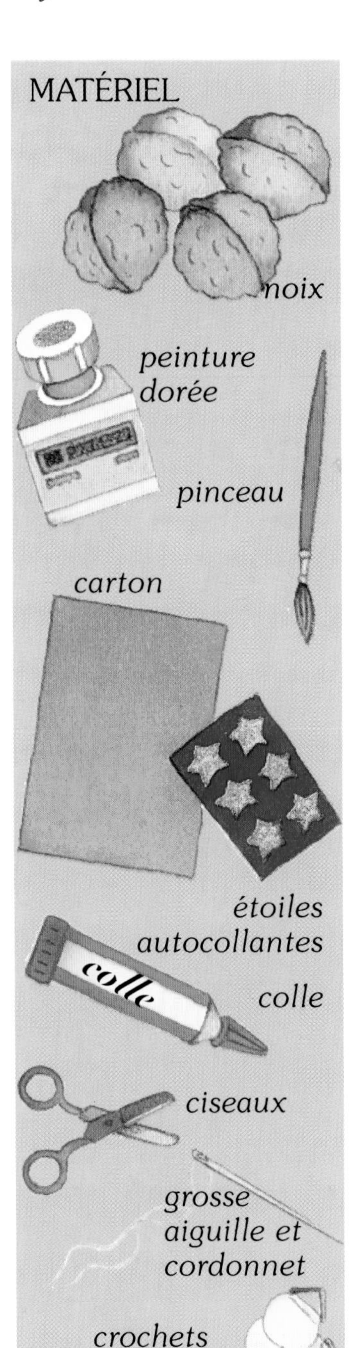

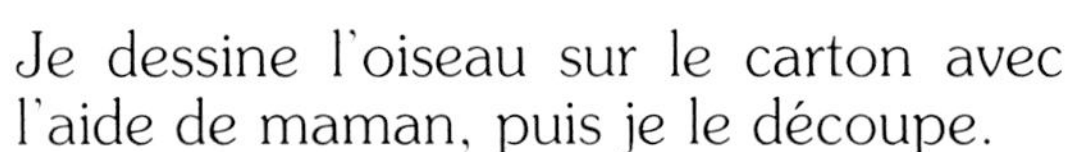

Je dessine l'oiseau sur le carton avec l'aide de maman, puis je le découpe.

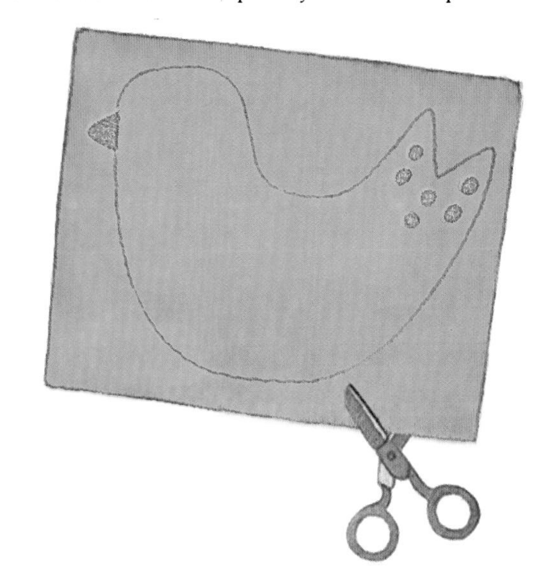

Avec la peinture dorée, je peins le bec et les points sur la queue. J'ajoute l'œil.

Je couds le cordonnet, comme sur le dessin, et j'y attache les étoiles autocollantes.

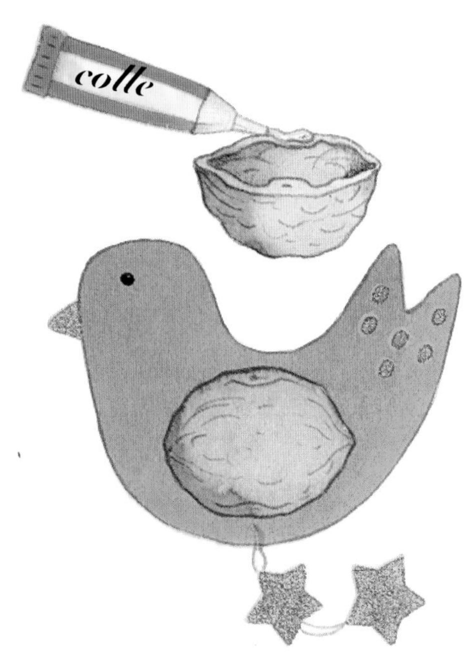

OISEAU-NOËL

Je peins en or les moitiés de noix et je les colle en guise d'ailes, l'une d'un côté, et l'autre de l'autre. Cui ! cui !

L'ange se fabrique comme les poupées de paille. Il est habillé de papier crêpon. Dessine, découpe et attache les grandes ailes en carton selon le modèle. Pour faire l'auréole, découpe un rond en carton doré, que tu colleras derrière la tête de l'ange.

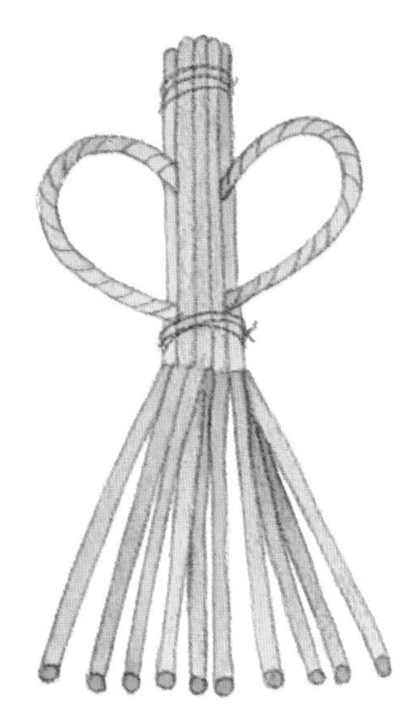

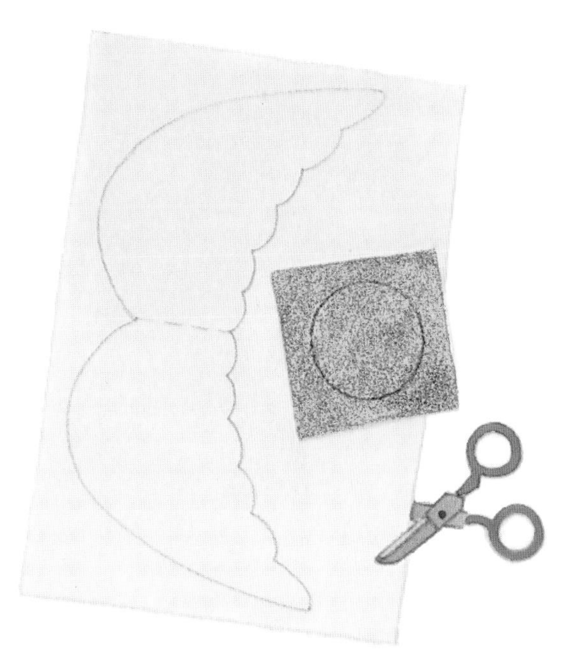

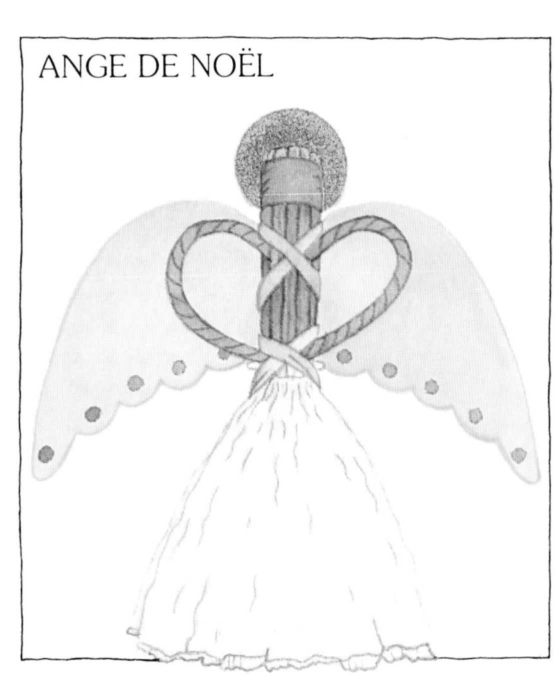

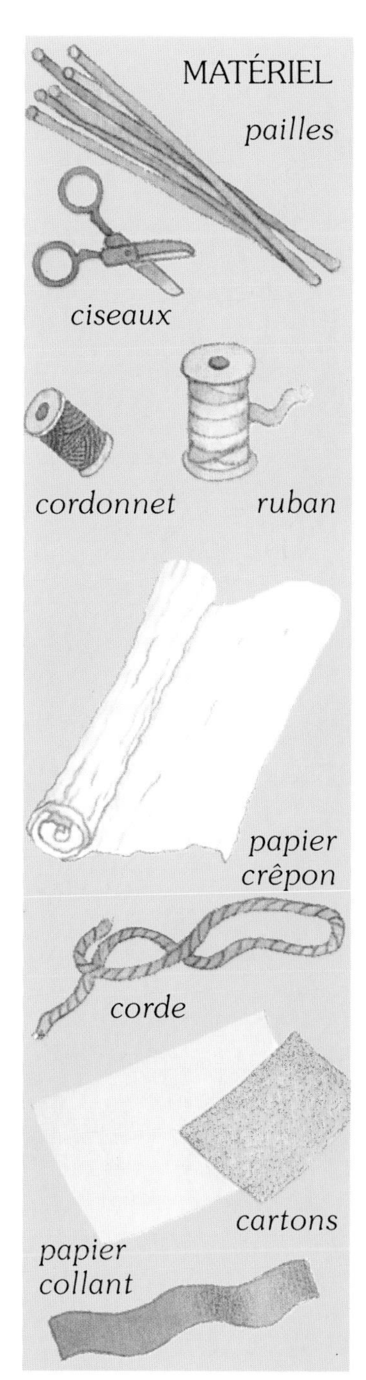

CAILLOU-PÈRE-NOËL

PORTE-BOUGIES
DE PIGNES

Quelle belle fête autour de l'arbre de Noël décoré avec nos propres bricolages ! Comme c'est émouvant d'attendre l'arrivée du Père Noël dans une maison chaude et magnifiquement ornée ! Comme c'est merveilleux, le matin de Noël, d'ouvrir les paquets-cadeaux ! Mais surtout... comme c'est bon de s'aimer !

Un des avantages de faire de petits ouvrages avec les dons que la nature nous offre, c'est qu'il n'est point besoin de beaucoup travailler ! La nature est déjà tellement belle !

Prenons les pignes. Certaines sont fermées, d'autres légèrement ouvertes, d'autres encore toutes ouvertes. Il suffit de les peindre en or ou en argent, ou même en blanc. Elles sont belles même au naturel, suspendues par un joli nœud.

PIGNES
PEINTES ET
DÉCORÉES

Les anneaux en bois des rideaux deviennent d'extraordinaires anneaux de Noël ! Il suffit d'enrouler du papier crêpon bleu autour de l'anneau, et ensuite un ruban doré, comme sur le dessin. Couronne le tout par un gros nœud.

On peut inventer beaucoup de compositions différentes avec les couleurs traditionnelles de Noël : rouge et or, vert et or, rouge et vert, or et argent...

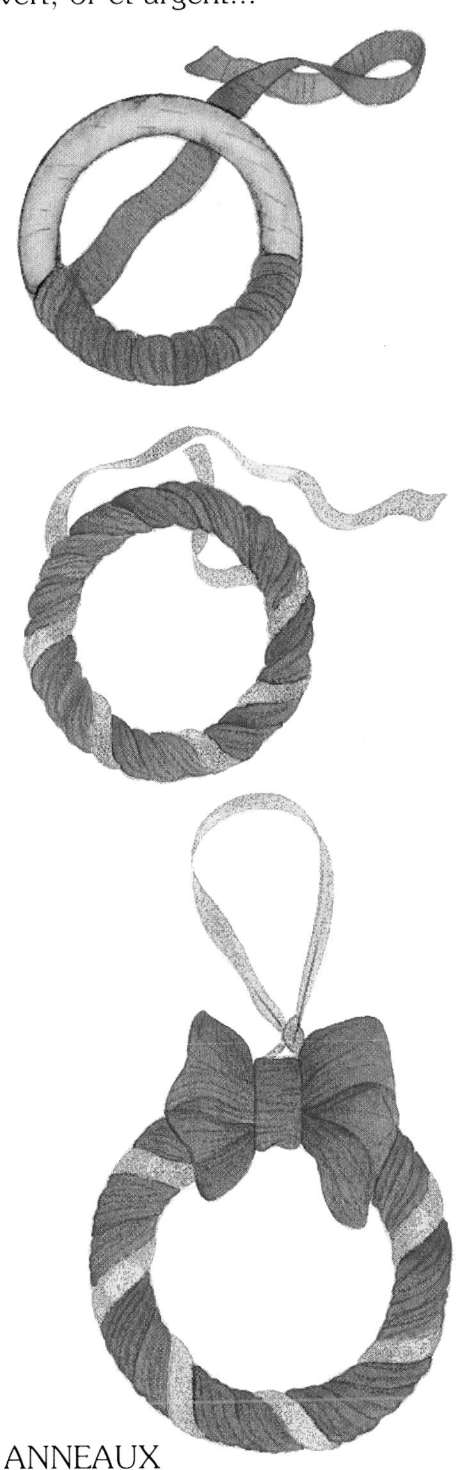

ANNEAUX
DE NOËL

COQUILLAGES
PEINTS
ET DÉCORÉS

Les coquillages deviennent magnifiques, si tu les décores de pois d'or ou d'argent... Tu peux aussi les suspendre à l'arbre de Noël par un cordonnet doré, grâce aux crochets autocollants peints en or.

Ils peuvent aussi servir à décorer des branches de sapin, suspendues autour des fenêtres ou fixées sur la porte de la maison : ce sera ta façon de souhaiter à tous « Joyeux Noël » !

Au revoir ! J'espère que mon livre t'a plu. Maintenant, je te quitte : avec André, Michel, Geneviève, Tom, Anne, Maman, la maîtresse et grand-mère, nous allons...

FAIRE DES BRICOLAGES